MARGARITA LA TEMEROSA

FICHAS DE TRABAJO CONDUCTUAL COGNITIVA PARA EL MANEJO DE LA ANSIEDAD EN NIÑOS DE 6 A 12 AÑOS

MARGARITA LA TEMEROSA

FICHAS DE TRABAJO CONDUCTUAL COGNITIVA PARA EL MANEJO DE LA ANSIEDAD EN NIÑOS DE 6 A 12 AÑOS

GABRIEL GENISE
NICOLÁS GENISE

Librería AKADIA Editorial

Gabriel Genise - Nicolás Genise
Margarita está ansiosa - 1a ed . - Ciudad Autónoma de Buenos Aires:
Librería Akadia Editorial, 2018.
100 p. ; 28 x 20 cm.

ISBN 978-987-570-364-3

2. Educación 1. Psicología Infantil. I. Título.
CDD 155.4

ISBN: 978-987-570-364-3

Paraguay 2078 (1121) Buenos Aires,
Argentina Paraguay 2065 (1121) Buenos Aires,
Argentina E-mail: editorialakadia@gmail.com
http://www.editorialakadia.com.ar

Hecho el depósito que marca la ley 11.723
Impreso en Argentina. Printed in Argentina

Este libro se terminó de imprimir en el mes de Junio de 2018.

Infomed
Paraguay 2065 (1121), CABA, Argentina
Tel./Fax 4961-8614 / 4962-4258
E-mail: editorialakadia@gmail.com

SOBRE LOS AUTORES

GABRIEL GENISE:

Gabriel es doctor en psicología y docente universitario, Magister en psicología Clínica infantojuvenil por la universidad San Jorge de Zaragoza, posee una especialización en terapia cognitiva. Forma parte del comité creador de la Federación Argentina de Terapeutas Cognitivo Conductuales. Realiza su práctica profesional en la ciudad de Buenos Aires. Su especialidad son temas de adolescencia y niñez, escribiendo artículos tanto para periódicos y revistas como la nación, clarín y oh la lá y en revistas científicas sobre la temática.
Es autor y coautor de diferentes libros: Abrazar el dolor, atravesar el camino del autismo, Fonzo está furioso e Integración de recursos para el abordaje en la complejidad de las personas trans.
Docente titular en la Universidad de Flores de las materias Psicoterapias II y Clínica de niños y adolescentes y docente de posgrado en distintos lugares del país.
Gabriel recibió entrenamiento dentro del país y en los Estados Unidos en el Ackerman Institute For The Family en temas de pareja y familias. Supervisor clínico.

Fundador del centro de salud mental TCM – Terapia Cognitiva ubicado en la Ciudad Autónoma de Buenos Aires.

NICOLÁS GENISE:

Nicolás es licenciado en psicología y en psicopedagogía. Posee una especialización en psicoterapia cognitiva individual y grupal y otra en psicogerontología. En la actualidad se encuentra realizando un doctorado en psicología orientados en Neurociencias.

Nicolás recibió entrenamiento clínico en la Fundación Aigle (Argentina) y en Ackerman Institute for The Family (Estados Unidos)
Se especializa en el trabajo individual con niños y adolescentes, como así también, en la asistencia familiar.

Es fundador del centro de salud mental TCM ubicado en Capital Federal, Argentina

AGRADECIMIENTOS

Quisieramos empezar agradeciendo a todos nuestros pacientes y sus familias que depositan la confianza en nosotros y estimulan nuestra creatividad con la finalidad de ayudar a vivir una vida que valga la pena ser vivida.
A todo el equipo de TCM - Terapia Cognitiva que hacen posible que nos encontremos camino al segundo aniversario de la creación de este proyecto.
A nuestras familias que son un pilar esencial y nos llenan de energías.

ÍNDICE

PRÓLOGO

Esta obra, como lo indica su subtítulo, está orientado a apoyar el tratamiento cognitivo-conductual de un trastorno de ansiedad en niños de 6 a 12 años. Los terapeutas que lo utilicen contarán con una serie de ejercicios atractivamente ilustrados, que se centran sobre la información y las habilidades que un niño debe adquirir para manejar eficazmente su ansiedad.

Los primeros capítulos se centran en la psicoeducación de las emociones, su naturaleza y carácter transitorio, para luego enseñar a los chicos a identificar los aspectos cognitivos, fisiológicos, emocionales y comportamentales de la ansiedad

Margarita, la protagonista del libro, es una lechuza ansiosa. Las lechuzas están míticamente relacionadas con la sabiduría, y son más bien rapaces y silenciosas, pero lo cierto es que nuestra Margarita parece ser divertida, sociable y ansiosa. Esto sugiere que Margarita tiene capacidad para experimentar afecto positivo, perodiversas razones parecen haber llevado auna desregulación circunstancial del afecto negativo en nuestra heroína.

Gracias a los niños lectores, Margarita aprende a identificar personas que pueden brindarle ayuda. Pero, más importante aún, Margarita aprende a reconocer los gatillos de la ansiedad y sus focos temáticos. Y los chicos lectores aprenden a hacer lo propio con sus temores mientras ayudan a la heroína.

En el siguiente capítulo se presenta una caja de herramientas emocionales para ayudar, tanto a Margarita como al niño ansioso, a afrontar la emocionalidad negativa, con foco específico en la angustia. Niños y lechuza aprenden habilidades tales como identificar y evaluar pensamientos amenazantes, comprendiendo su relación con la experiencia del ánimo angustioso. Resaltan, en particular, las sugerencias sobre cómo lidiar con la preocupación, con una linda y lograda versión de la clásica tarea de postergación de la preocupación.

Otros recursos incluyen la representación gráfica de la ansiedad como un monstruo, una técnica que también se ha utilizado exitosamente en el tratamiento de otros fenómenos clínicos en adultos. La exposición gradual y sistemática está hábilmente representada por una "montaña de ansiedad" que el lector escala hasta conquistar sus temores. La metáfora del afrontamiento de los temores por aproximación es muy lograda, ya que no apunta a un control de la ansiedad por su eliminación, sino a la puesta a prueba de las capacidades de afrontamiento propias y a la evaluación realista de la amenaza.

El capítulo de revisión de las habilidades aprendidas representa el clásico momento de cierre de todo tratamiento cognitivo-conductual: repaso de logros, recursos que resultaron útiles y prevención de recaídas y recidivas. El texto es sucinto y muy útil para reforzar aquellas habilidades que el niño deberá incorporar a su cotidianeidad, previniendo de este modo la reaparición eventual de problemas.

El último capítulo es una sinopsis del desarrollo y naturaleza de la terapia cognitivo-conductual, seguramente orientado a terapeutas que no han tenido formación en el área y que puedan de este modo comprender, al menos de modo básico, el modelo teórico que inspiró la intervención descripta en el libro.

Es de celebrar la publicación de este tipo de materiales, especialmente en lengua castellana, no solamente por su utilidad clínica, sino porque permite que pacientes y profesionales se acerquen de un modo eficaz y amigable a intervenciones eficaces. En efecto, la terapia cognitivo-conductual de los trastornos de ansiedad es, seguramente, lo más cercano que conocemos a una psicoterapia ideal. Su eficacia ha sido apoyada por un gran número de estudios, incluso por aquellos con mayor rigor metodológico.Los protocolos demandan un número pequeño de sesiones, se adapta bien a las distintas culturas y poblaciones, y el tratamiento en sí es relativamente sencillo de diseminar y aplicar. Muchas guías clínicas los reconocen como tratamiento de primera elección, por sobre otras psicoterapias y aún por sobre los abordajes farmacológicos, con la ventaja adicional de no dar lugar a los efectos adversos de estos últimos.

No debemos olvidar que los trastornos de ansiedad tienen una gran prevalencia, afectando a alrededor de una persona de cada seis, y que tenemos múltiples razones para pensar que los niños tratados exitosamente tendrán mucha menor probabilidad de experimentar una recidiva en la adultez.

Más allá de las consabidas felicitaciones que todo prologuista extiende a los autores, permítaseme resaltar que el objetivo de este libro es, en última instancia, el de aliviar compasivamente el sufrimiento de un niño. Y es difícil pensar en una tarea más elevada que esa.

EDUARDO KEEGAN

Buenos Aires, abril de 2018

¿PARA QUÉ SIRVE ESTE LIBRO?

Este libro te va a ayudar si vos te sentís preocupado o con miedos, si tenés frecuentemente pensamientos de preocupación o que te causan temor. También este libro es para vos si te escapas, huís o te escondes de las personas, lugares o situaciones porque simplemente te da temor enfrentarlos.

También este libro es para vos si te da temor estar separado de tus padres, no querés dejar tu casa a causa de tus temores, repetís algunas palabras o haces algunas preguntas a algunas personas por temor a que suceda algo malo.

También este libro es para vos si necesitas lavarte, chequear, organizar, contar, tocar o guardar cosas por temor a que algo malo pase.

Por último este libro también es para vos si tus preocupaciones o miedos te hacen sentir mal físicamente (como por ejemplo tener dolor de panza, marearte, transpirar mucho o sentir que el corazón te late muy muy rápido).

Al leer este libro vas a aprender sobre tus propias preocupaciones o temores. También vas a conocer la historia de Margarita, una lechuza que vive en la isla de Kawai'i junto a Fonzo, Jorge y un montón de amigos y vas a poder ayudarla a combatir esos miedos para que se asuste cada vez menos y pueda vivir feliz.

¡QUE LO DISFRUTES!

ESTE LIBRO PERTENECE A :

. . . .

. . . .

MARGARITA

Margarita es una lechuza muy simpática y divertida, ella vive en la isla de Kawaiî junto a sus padres, sus hermanas y amigos. Disfruta mucho los atardeceres en la isla y volar por la costa. Otra cosa que solía disfrutar mucho son las pijamadas. Ella junto a sus amigos se reunían en la casa de alguno de ellos y jugaban hasta tarde para luego irse a dormir y volver a sus casas al día siguiente, sin embargo sin saber bien por qué un día comenzó a tener miedo de salir de su casa por las noches y no pudo ir más a las pijamadas. Ella extraña mucho poder divertirse como solía hacerlo junto a Fonzo y a sus amigos pero el temor se lo impide ¿Te gustaría ayudarla a vencer ese temor así puede volver a disfrutar de sus amigos?

Aquí te presentamos a Margarita, pintala como quieras

UNA COSA MÁS...

Tenemos una cosa más para contarte sobre éste libro. Cada vez que completes un capítulo vas a ganar una estrella como esta

Cada vez que ganes una estrella como esta, vas a poder acumularla para luego cambiarla por premios que previamente hayas acordado con tu terapeuta. Así que ¡Manos a la obra!

También vas a encontrar muchos juegos a lo largo del libro ¿por qué? simplemente porque son divertidos y a nosotros como a Margarita nos gusta pasarla bien. Acá te dejamos un laberinto para que vayas conociendo algunos de los juegos que encontrarás

Capítulo 1

¡CONOZCAMOS A MARGARITA!

DE PASEO POR LA ISLA

Bienvenidos nuevamente a la Isla Kawai'i. Mi nombre es Jorge, yo soy el guardabosque de la reserva natural de Kawai'i. Mi función es cuidar a todas las especies que habitan en el bosque. Como sé que están de visita por la isla para ayudar a mi amiga Margarita, quisiera contarles quién soy yo: como les dije soy el guardabosque de la isla, nací aquí y desde chiquito siempre quise trabajar en el bosque. Amo a los animales y a la naturaleza, mi hobby favorito es el surf, cada tarde cuando termino mi trabajo, me tiro al mar con mi tabla y nado por este maravilloso mar.

Aquí en el bosque encontrarás muchas especies distintas de animales y plantas, alguno de ellos son: los monos, las jirafas, los pájaros, las serpientes, hipopótamos.
Te presentamos alguno de los animales que encontrarás en la isla. Podes pintarlos para que queden más bonitos

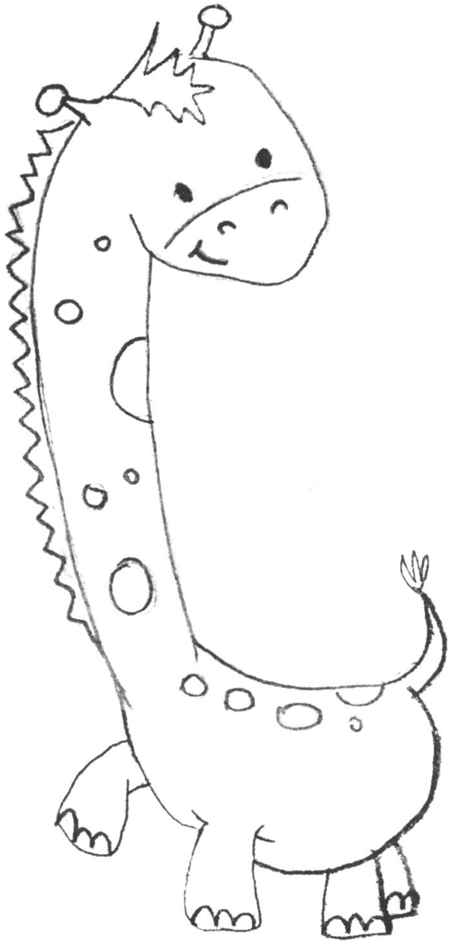

Esta es una de nuestras imágenes favoritas, ¡la isla de Kawai´i! . Es un lugar único lleno de vida y alegría. En esta imagen se encuentra escondida Margarita. Ella suele esconderse cuando se asusta mucho, parece ser que hoy es un día en el que Margarita tiene mucho miedo ¿podes encontrarla? Cuando lo hagas, pintala

¡Excelente trabajo, encontraste a Margarita! A veces puede dar mucho trabajo encontrarla ya que cuando tiene miedo, suele esconderse y le cuesta bastante enfrentar sus miedos. Ya vas a ir conociéndola mejor. Ahora te invitamos a que pintes a Margarita como vos quieras ¡es tu decisión!

Hiciste un gran trabajo y como recompensa acabas de ganar tu primera estrella. Recuerda que tienes que acumularlas para poder canjearla por un premio. ¡Te felicitamos!

Capítulo 2

¡APRENDEMOS SOBRE LAS EMOCIONES!

Aprender sobre las emociones en nuestro próximo paso en nuestra misión para ayudar a Margarita a vencer todos sus miedos

LO PRIMERO ES CONOCERNOS

A lo largo del capítulo anterior tuviste la oportunidad de conocer a Margarita, Jorge y algunos de sus amigos. Ahora es tiempo de que nosotros te conozcamos a vos. Para eso te presentamos la siguiente actividad.

Yo soy...

En el espacio que ves aquí abajo, vamos a pedirte que hagas lo siguiente:

1. Primero te pedimos que te dibujes en el centro de la hoja
2. Luego escribe en la parte superior del cuadro lo siguiente: Yo soy (tu nombre)
3. Al rededor de tu dibujo ahora vamos a pedirte que respondas a algunas de las siguientes preguntas (puedes conversar con tu terapeuta sobre cuáles son las preguntas que te gustaría contestar)

- ¿Cuál es tu comida favorita?
- ¿Quién es tu mejor amigo?
- ¿Qué te gusta hacer después de la escuela?
- ¿Tenes animales? ¿Cómo se llama?
- ¿En qué sos bueno? (deporte, instrumento musical, etc)
- ¿Cuál es tu programa de TV favorito?
- ¿Qué te gusta hacer los fines de semana?

Este ejercicios nos ayuda a conocerte mejor, a saber qué te gusta , quienes son tus personas favoritas y qué te divierte hacer.

¡Excelente trabajo! Vemos que te has esforzado mucho en hacer este hermoso dibujo. ¡Sigue así!

LA TORTA DE LAS EMOCIONES

A continuación vamos a trabajar con un ejercicio que es uno de los favoritos de Margarita. Jorge le enseñó a hacerlo cuando era muy pequeña y gracias a este ejercicio, Margarita pudo ponerle nombre a muchas de las emociones que siente.
Vamos a mostrarte la tora de las emociones de Margarita para luego vos puedas hacer la tuya.

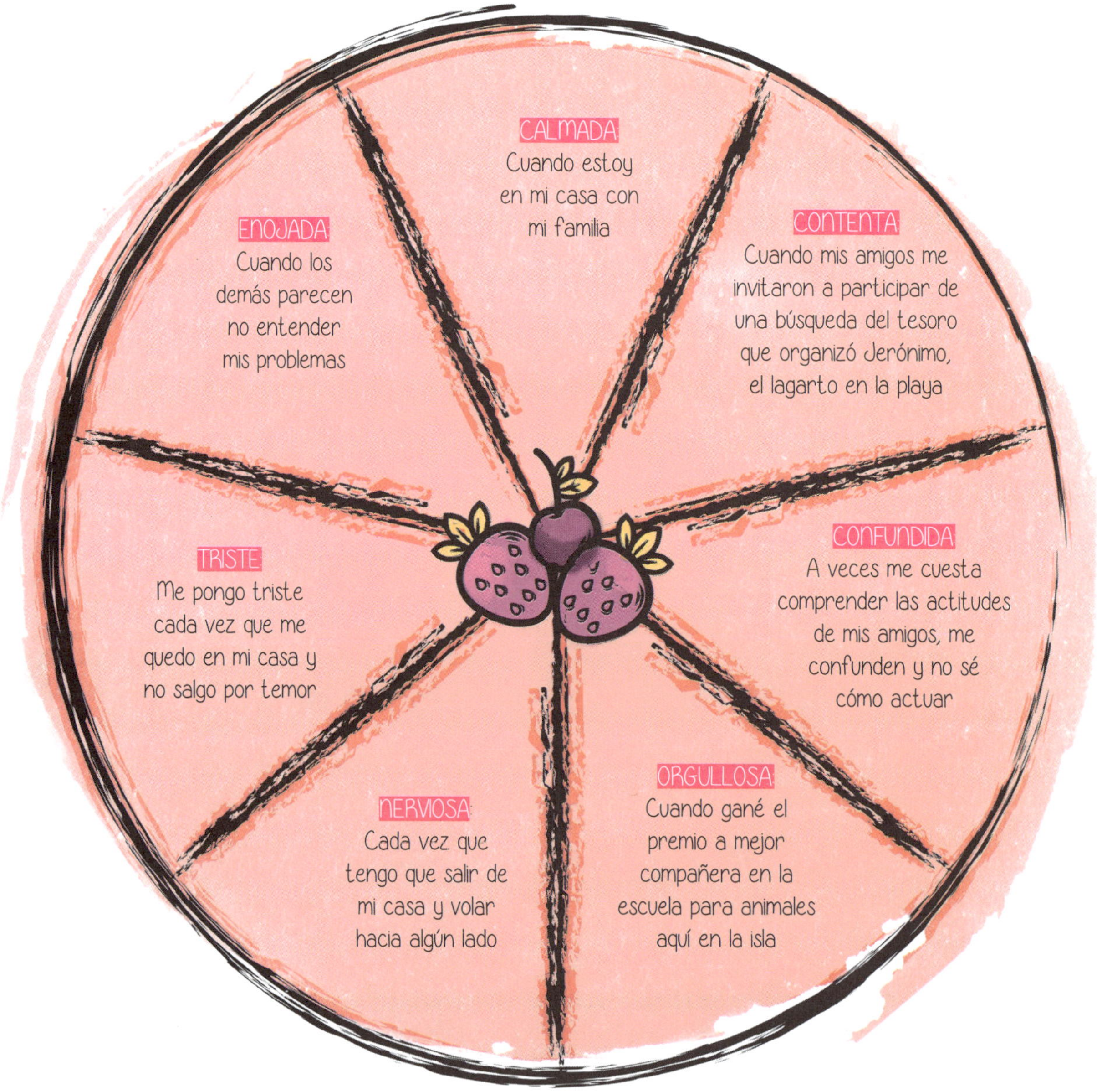

¡Ahora te toca a vos!. Completa en el siguiente cuadro tu torta de emociones. Como vez ya está lista, solo falta que le agregues el contenido. ¡Manos a la obra!

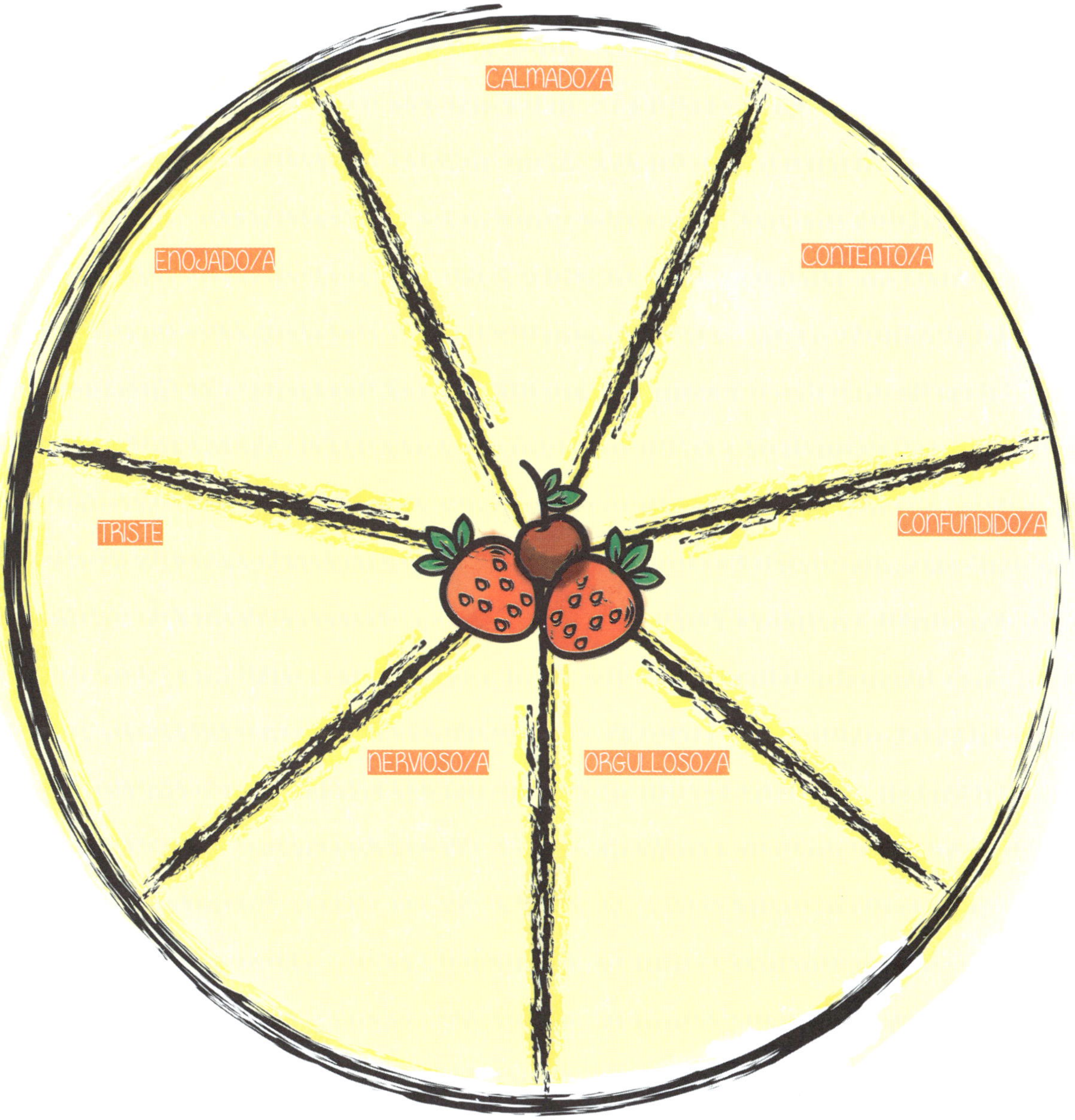

CONVIÉRTETE EN UN DETECTIVE

Ahora que ya sabes bastante sobre emociones y te has vuelto un experto en el tema, vamos a asignarte una misión. Junto con tu terapeuta deberán averiguar cuándo las personas experimentan las emociones que vimos en la torta. Tomate toda la semana para preguntarle a tus papas, maestros o amigos que cosas los ponen: contentos, calmados, confundidos, orgullosos, nerviosos y enojados

Recuerda siempre esto...

Todas las emociones tienen una duración. Algunas van a durar más tiempo que otras. También puede pasarte que algunas emociones las sientas más fuerte en tu cuerpo que otras.

¡Has hecho un gran trabajo! Tenemos que celebrarlo. A lo largo de este capítulo aprendiste qué son las emociones y cómo las vivimos en el cuerpo. Por todo el esfuerzo que hiciste, acabas de ganarte una estrella. ¡Bien hecho!

Capítulo 3

¿QUÉ ES LA ANSIEDAD?

Hay muchas veces que nos sentimos muy preocupados, nerviosos o con mucho miedo. Las personas que se sienten así, en gran cantidad, dicen estar Ansiosos.
Mas allá de como lo llames, muchas veces tenemos ciertos pensamientos que nos dan vueltas en la cabeza y no nos dejan tranquilos. Nos muestran cosas malas que pueden sucedernos a nosotros o ha alguien que queremos mucho. Esto hace que no podamos correrlos de nuestra mente y que minuto a minuto se vayan haciendo mas grandes y fuertes.
Estos pensamientos pueden ser ir cambiando de disfraz o presentarse siempre de la misma manera. Puede ser fácil de identificar, como por ejemplo: "¿Qué pasaría si mamá se olvida de recogerme después del colegio?" O que tus amigos no quieran hablar con vos. Otras veces es mucho más difícil como cuando sientes una sensación rara en el estomago antes de ir al colegio sin saber porqué.

Te propongo que te dibujes sintiendo mucha ansiedad.

Ahora, sentir ansiedad no está mal. Todos nos ponemos ansiosos alguna vez. Seguramente hayas visto mas de una vez a algún amigo tuyo temblando de miedo antes de un examen o a un adulto la noche previa a un dia importante en su trabajo.
El problema a aparece cuando te sientes muy ansioso con frecuencia. Sentirte así no tiene demasiado sentido.

Durante la última semana ¿hubo algún momento en que te hayas sentido ansioso?

....

....

....

....

....

....

....

....

¿Qué cosas suelen ponerte ansioso?

....

....

....

....

....

....

....

....

....

....

SENTIRSE ANSIOSO...

A veces nosotros nos sentimos ansiosos, temerosos o preocupados. Si algo de lo siguiente te hace sentir ansioso, coloca una cruz en el rectángulo de la izquierda. ¿Te animás a decirnos cuanto, del 1 al 10, te pone ansioso?

- ☐ Ser burlado en la escuela por otros niños
- ☐ Tener un nuevo maestro en la clase
- ☐ No poder dormirme
- ☐ Alguien me lastima intencionalmente en la escuela
- ☐ Ser mordido por un perro o una araña venenosa
- ☐ Cometer un error durante la clase
- ☐ Perder el control
- ☐ Vomitar
- ☐ Escuchar ruidos particulares como
- ☐ El sabor o la textura de ciertas comidas como por ejemplo ....

....

- ☐ Estar solo
- ☐ Llorar
- ☐ Ser regañado por la maestra
- ☐ El patio de la escuela
- ☐ Lo que las otras personas piensan de mi

- [ ] Hacer mi tarea
- [ ] Ir al colegio
- [ ] No tener amigos
- [ ] Verse como un tonto
- [ ] Ir al hospital
- [ ] Las alturas
- [ ] Estar rodeado por muchas personas
- [ ] Los truenos
- [ ] Cuando discuten mis padres
- [ ] No poder respirar
- [ ] Un examen

TAREA PARA EL HOGAR:

Escribe a lo largo de toda la semana aquellas cosas que te hayan hecho sentir ansioso.

Capítulo 4

¿POR QUÉ NOS PONEMOS NERVIOSOS?

En este capítulo aprenderemos algo súper importante para poder ayudar a Margarita a todos los niños que tienen ansiedad: vamos a aprender qué son los disparadores de la ansiedad y cómo darnos cuenta cuándo aparecen. ¡A trabajar!

¿QUÉ SON LOS DISPARADORES?

Cuando nos sentimos ansiosos, eso se debe a algo que llamamos disparadores. Los disparadores pueden ser:

PERSONAS
ejemplo tus papás o tus maestros

ANIMALES
por ejemplo un perro o una iguana

SITUACIONES

LAS ACCIONES DE OTRAS PERSONAS

LUGARES
por ejemplo la escuela

Veamos el siguiente ejemplo y practiquemos un poco:
"Julian estaba en su casa jugando en el comedor con su hermana menor, su madre le pide que vaya a su habitación (que queda en el primer piso) a buscar los libros de inglés porque ya se hace la hora de ir al instituto. En ese momento Julian le pide por favor a su mamá que no lo haga subir porque no le gusta ir sólo arriba y además él está convencido que debajo de su cama hay monstruos, por lo que subir al primer piso solo le da mucho mucho miedo"

PARA PENSAR...

En el ejemplo que acabamos de leer ¿Cuál crees que fue el disparador de la conducta de Julián? ¿Por qué se puso ansioso?

....

....

....

....

....

....

....

....

....

....

....

....

....

....

....

¿CUÁLES SON TUS DISPARADORES?

Acá te vamos a pedir que escribas o dibujes los tipos de animales, personas, insectos, pájaros, lugares o situaciones que disparan tu ansiedad. Si tenes dudas, ¿por qué no hablas con un adultos al respecto? como tu terapeuta o tu papás

CADA UNO SE PONE ANSIOSO POR COSAS DIFERENTES

Algunas personas se ponen ansiosas por alguna cosa en particular, como por ejemplo el temor a las cucarachas. Otros se ponen ansiosos por varias cosas, como por ejemplo cuando un chico se pone nervioso por el resultado de un partido y por un examen que va a tener en el colegio.
Algo que creemos que te va a ayudar mucho es la siguiente tarea que Jorge le dio a Margarita. A ella la ayudó un montón saber que otros animales de la isla también se ponen ansiosos. Mira el consejo que nos dejó Jorge:

LA HISTORIA DE MARGARITA

Hace un tiempo Margarita tuvo un discusión con Fonzo. Era una noche de verano en la isla, una noche estrellada hermosa. Corría un viento muy lindo y las palmeras se movían lentamente de un lado para el otro. Margarita esa noche no estaba bien, se había peleado con sus papás porque ella no puede salir de su casa por el miedo y perdió muchos días de clase. Al sentirse triste por la discusión que había tenido, no podía dormirse. Decidió salir a pasear por la isla (de noche tenía menos miedo y Jorge la había alentado a salir al menos un día de noche a pasear). Mientras caminaba se encontró con Fonzo que estaba medio entre dormido, Fonzo le preguntó qué le pasaba y ella le dijo la verdad, que no podía dormirse. En ese entonces su amigo comenzó a gritarle un montón de cosas enfurecido y eso la asustó mucho más. Margarita le pidió perdón por haberlo despertado y le dijo que no había sido su intensión. Salió corriendo del lugar y volvió a su casa muy asustada y triste por lo que había pasado. Se recostó llorando en su cama y de tanto llorar se quedó dormida.
Días después Fonzo le pidió disculpas por lo sucedido y le explicó que él se había comportado mal y que no debía de haberle gritado.

PARA PENSAR...

¿Podes identificar cuáles fueron los disparadores del miedo de margarita?

MI MANO SEGURA

Otra cosa que le enseñó Jorge a Margarita es a saber con quiénes cuenta cuando se siente ansiosa. Él le pidió que dibujara en una hoja su garra y escribiera en cada dedo el nombre de una persona que podría ayudarla en caso de necesitarlo. Mira lo que dibujó

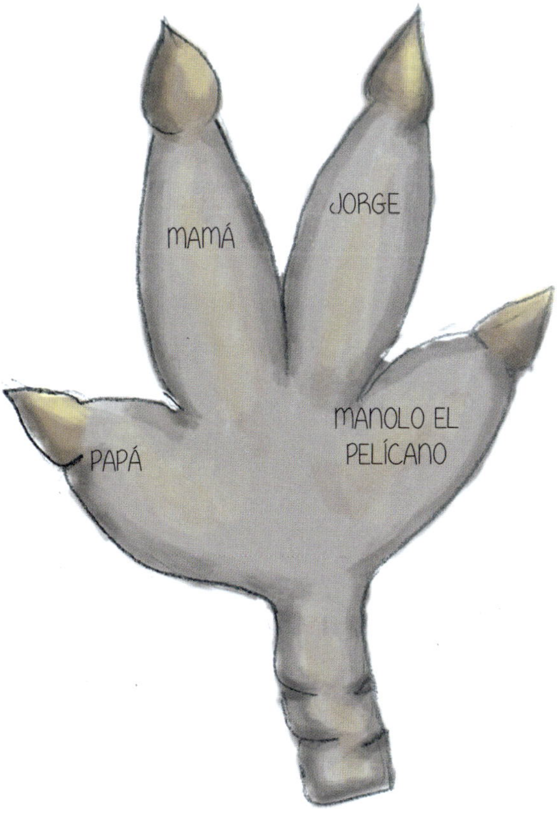

HORA DE DIVERTIRNOS UN POCO

Ayuda a Margarita a llegar hasta la playa.

¡Has hecho un gran trabajo! Tenemos que celebrarlo. A lo largo de este capítulo aprendimos juntos a identificar cuáles son los disparadores que hacen que te pongas ansioso. Por todo el esfuerzo que hiciste, acabas de ganarte una estrella. ¡Bien Hecho!

Capítulo 5

¿NERVIOSO YO?

¿Cómo nos damos cuenta que estamos nerviosos?

¡Muy bien! Ya hemos recorrido una parte importante de nuestro camino. Ya sabes que es la ansiedad y el porque aumenta hasta no poder controlarla. Ahora aprenderemos a darnos cuenta cuando empieza a crecer.

NUESTRO CUERPO NOS HABLA...

Muchas personas creen que la ansiedad con sus miedos y preocupaciones está sola en su cabeza, pero esto no es así.
Si has sufrido de mucha ansiedad sabrás que esta puede hacer sentir muy mal a tu cuerpo. Los miedos y las preocupaciones pueden hacerte sentir a tu cuerpo muy enfermo por dentro. Puede hacer que tu estomago duela y que tu cabeza te atormente. Ellos podrán hacerte sudar y que tu corazón corra mientras tu estas sentado.
Las preocupaciones y los miedos pueden hacer que te sientas mareado o que tiembles como si fueras a vomitar o a desmayarte.

MANOS A LA OBRA...

Encierra con un circulo aquello que describa cómo te sientes cuando estas preocupado o con miedo. Unelas con una linea al dibujo.

DOLOR DE CABEZA

MAREADO

GANAS DE LLORAR

NAUSEABUNDO

GANAS DE LLORAR

CORAZON AGITADO

SUDOROSO

HORMIGUEO

DOLOR DE ESTOMAGO
FRIO

DEBIL

ME DESMAYO

¿PORQUÉ NOSOTROS SENTIMOS ANSIEDAD?

A- ¿Qué pasa a nuestro cuerpo y mente cuando nosotros nos sentimos ansiosos?

Ritmo cardiaco:..

Respiración:...

Músculos:...

Postura:..

Cara: ....

Habla: ....

Pensamiento:..

B- Juego: Piensa que pasa cuando nosotros nos sentimos ansiosos. Decide a qué grupo de sentimiento pertenece cada una:

Palma sudorosa	Ojos muy abiertos	Tos
Bola en la garganta	Nariz mocosa	Boca Seca
Aumento de ritmo cardiaco	quedarse dormido	Eructar
Llorar	Tensión Muscular	Estornudando
Respiración rápida	Cosquilleo en la panza	Piel de Gallina
Sentirse enojado	Rodillas temblorosas	Rubor
Dolor de cabeza	Voz temblorosa	Risueño
Sentirse asustado	Sentirse mareado	Necesitado del baño
Sonriente	Pensamientos felices	Estar relajado
Bostezando	Sentirse fuerte	Picazón en la piel

HÉROES ANSIOSOS...

¿Podrías pensar en alguno de tus héroes de libros, películas o programas de televisión que se haya sentido ansioso? ¿Cuándo piensas en esas personas, porqué se sentían ansiosos y como hicieron para hacer frente a ese sentimiento? ¿Qué hicieron o pensaron para detener a ese pensamiento y qué no se hiciera mas grande?

HUBO UNA VEZ QUE YO ME SENTI…

Piensa en alguna vez o situación que te hayas sentido muy ansioso y anota, a continuación como afecta tu:

Ritmo cardiaco:……………………………………………………………………………………

Respiración:………………………………………………………………………………………

Músculos:…………………………………………………………………………………………

Postura:……………………………………………………………………………………………

Cara: ………………………………………………………………………………………………

Habla: ………………………………………………………………………………………………

Pensamiento:………………………………………………………………………………………

Muy bien, ahora ¿te animás a dibujar la situación que pensaste y como estabas vos en ella?

¿CÓMO SABEMOS CUÁN ANSIOSO ESTAMOS?

Te presento la escala de los 5 estados. Esta herramienta te permitirá distintas cosas:

1.Determinar el problema. Qué esta sucediendo que te gustaría que deje de pasar. Cual es la situación social que me hace sentir así.
2.La intensidad de lo que siento. Será mas fácil para ti entender como te sientes en la actualidad y a partir de allí ponerte en accion para que no siga creciendo.
3.Trasmitir lo que sientes. Al entender en que nivel estas de ansiedad podrás comunicarle a otro que sientes. También te servirá para pedir ayuda si es que lo necesitas.

Margarita nos prestó su escala de 5 estados. Ella, con ayuda de Jorge logró armarla y empezar a entender cómo se siente para comenzar a trabajar en recuperar el control.

PUNTAJE	¿CÓMO SE SIENTE?
5	!FUERA DE CONTROL! Necesito ayuda. Siento que me voy a morir y mi corazón estallar. Me voy a desmayar.
4	MUY ANSIOSO. Me siento muy nerviosa, probablemente necesite ayuda. Mi cuerpo esta sudando y mis manos tiemblan. Mi corazón y respiración laten más fuerte.
3	NO MUY BIEN. Estoy pensando en mis preocupaciones/miedos, pero posiblemente necesite hablar con alguien acerca de esto. Creo que tengo cierto control. Me siento intranquila y mi cuerpo esta tenso. Siento cierto cosquilleo en la panza.
2	OK. Me siento muy relajada hoy. Probablemente pueda pensar acerca de mis preocupaciones/ansiedad pero todavía me siento bien.
1	BUEN DIA. Es un gran dia, me siento libre de preocupaciones y miedos, y puedo disfrutar de lo que estoy haciendo .

Así como Margarita logró hacer su escala te propongo que te animes a realizar la tuya. Puedes pedirle ayuda a quien quieras.

PUNTAJE	¿CÓMO TE SIENTES?
5	
4	
3	
2	
1	

¡¡¡Haz trabajado de manera maravillosa!!! Por eso te has ganado una nueva estrella. Pero antes de terminar nuestro capítulo te dejo una emocionante tarea para el hogar.

NUESTRA CAJA DE HERRAMIENTAS EMOCIONAL PARA REPARAR LOS SENTIMIENTOS.

Así como tus padres tienen una caja de herramientas con diferentes utensilios para reparar todo aquello que se rompa en tu casa, nosotros podríamos imaginarnos otro tipo de caja de herramientas para así poder reparar algunos de nuestros sentimientos. En ella podríamos encontrar diferentes tipos de herramientas. Una muy común en la caja de los padres es el martillo. El martillo podría represar una actividad fisica que utilice un montón de energía y que sirva para reparar nuestros sentimientos ansiosos. Otra herramienta podría ser un cepillo grande para que podamos quitar el polvo. Esta podría representar algo que tu puedas utilizar para ayudarte a relajar.

PROYECTO SEMANAL: "CAJA DE HERRAMIENTAS EMOCIONAL"

Te propongo que piensen a lo largo de toda la semana algunas herramientas que podrían formar parte de nuestra caja especial. Esta tarea es de suma importancia para que podamos lograr nuestra misión: qué logres vencer a la ansiedad enemiga y te liberes de ella. Piensa en algunas actividades físicas (herramientas físicas) o actividades relajantes (herramientas de relajación) que puedas utilizar para sentirte menos ansioso. En una joya escribe todo lo que ya haces o/y todo lo que podrías hacer. También puedes preguntarles a los miembros de tu familia y amigos que hacen ellos para controlar su ansiedad. Tu puedes utilizar sus ideas o pedir prestada sus herramientas. Si quieres puedes dibujarlas y pintarlas.

Capítulo 6

¡SOCORRO! ESTOY ANSIOSO

¿Qué hacemos cuando estamos nerviosos?

Excelente, en el último tiempo has aprendido mucho. Ya sabes que es la ansiedad y como esta comienza a crecer dentro tuyo.
Ahora, nos dedicaremos a ver que debes hacer cuando nos damos cuenta que te estás poniendo nervioso, preocupado o con miedo.
!A deshacernos de la gran manzana!

CAJA DE HERRAMIENTAS EMOCIONAL

(Segunda Parte)

A- HERRAMIENTAS SOCIALES... ¿Cómo puede otras personas ayudarte a reparar tus sentimientos?

....

1- Si tu amigo se siente nervioso, ¿Cómo puedes ayudarlo? ¿Te ayudará a ti también?

....

2- Si algún familiar tuyo se siente nervioso y no ha servido lo que has pensado para tu amigo ¿Cómo podrías ayudarlo?

....

3- ¿Cómo podrían ayudarte estas personas?

....

Piensa en que herramientas sociales podrías tener dentro de tu caja de herrarientas y porque serian útiles cuando te sientas nervioso.

....

B- OTRAS HERRAMIENTAS... Otras cosas que pueden ayudarte a sentirte menos nervioso.

1- ¿Cómo pueden mis hobbies e intereses ayudarte?

....

2- El sentido del humor puede ayudarte:

....

3- ¿Qué puedes hacer o pensar que te haga sentir peor?

....

ANTÍDOTOS PARA LOS PENSAMIENTOS VENENOSOS...

Juguemos a que eres un gran científico y puedes crear pensamientos que sean antídotos que curen a tus pensamientos envenenados. Primero decidirás si los siguientes pensamientos son A (Antídotos) o B (Veneno):

Soy un perdedor .... ☐

Se reirán de mi .... ☐

No soy bueno haciendo tareas.. ☐

Tengo amigos que me quieren .... ☐

Todos me odian .... ☐

Estar relajado me ayuda pensar mejor .... ☐

La próxima vez lo haré mejor.. ☐

Podría morir de miedo .... ☐

Hablaré delante de todos sin problemas .... ☐

Muy bien, ahora es el turno de que crees pensamientos antídotos para aquellos que estén envenenados.

Yo siempre cometo errores...

....

Soy malo para jugar al futbol...

....

Todos me odian...

....

No tengo amigos...

....

No podré hacerlo...

....

TAREA

Ahora has una lista de todos tus pensamientos envenenados que aparezcan durante la semana y crea pensamientos Antídotos.

MANOS A LA OBRA

Lo primero que debes hacer cuando comienzas a sentirte ansioso es colocarlo en palabras, puedes hablar contigo mismos sobre aquello que te pone nervioso, te da miedo o te preocupa. También puedes buscar ayuda en otra persona, tal como Margarita lo hizo con Jorge.
Entonces, te deberás preguntar qué es verdadero o qué temes que suceda. A esto se lo llama PENSAMIENTO LÓGICO.
Será importante que recuerdes que las cosas realmente malas no suelen suceder muy menudo.

Historia conocida: Ayuda a Margarita a controlar sus pensamientos "Manzanas".

Entre las cosas a las que Margarita le tiene miedo, se encuentran los perros. Ella suele imaginarlos como animales salvajes que saltarán encima de ella y la morderán.
Ayer, Margarita conoció a un nuevo amigo en el colegio, quien la invitó a jugar toda la tarde en su casa. Casi sin darse cuenta, a Margarita le comenzaron a llover preguntas en su cabeza: ¿Qué tal si tiene un perro? ¿Qué pasaría si el perro la mordiera? ¿Qué pensaría su nuevo amigo? ¿ Se reiría de ella y se lo contaría a todo el colegio el día siguiente?. Y así siguió un rato largo.
¿Cuál fue el resultado? Margarita decidió no ir a la casa de su nuevo amigo y por las dudas lo comenzó a esquivar en los recreos. Esto la puso muy triste.

Juguemos a que podemos viajar en el tiempo y ayudar a Margarita a controlar sus pensamientos. Ayudémosla, junto a Jorge, a utilizar el pensamiento lógico.
¿QUÉ PUDO HABER HECHO DIFERENTE?

....

....

....

Muy bien, ahora es tu turno...

ESCRIBE PREOCUPACIONES Y/O MIEDOS QUE TENGAS FRECUENTEMENTE	¿QUÉ PUEDES HACER O DECIR PARA AYUDARTE A SENTIRTE MENOS PREOCUPADO O NERVIOSO?

AHORRATE EL TIEMPO DE LA PREOCUPACION O DEL MIEDO

¿Recuerdas cómo las preocupaciones o el miedo pueden ser como las manzanas? Cuándo tu controlas el crecimiento del árbol todos los días, verificas qué tenga el agua suficiente y qué sus hojas no sean atacadas por ningún bicho, tu estás dandole los cuidados perfectos y necesarios para que tenga un buen crecimiento. Ahora bien, cuando piensas un montón en las preocupaciones o los miedos y hablas sobre ellos una y otra vez como un disco rayado, tu estas ayudando a que lo que te pone nervioso crezca también. Por otro lado, si ignoras al árbol de manzanas, no dandole agua ni cuidado que no sea atacado por algún tipo de plaga, este comenzará a marchitarse hasta morir. Lo mismo pasará con aquello que de ponga nervioso. Si dejas de gastar tiempo en ello, a la largo o a la corta comenzará a perder fuerza hasta desaparecer.

Si eres una persona que suele preocuparse sobre muchas cosas o tener cientos de miedos te enseñaré un nuevo truco que podrás hacer con ayuda de tu mamá o papá.

Establezcan lo que llamaremos un "HORARIO DE NERVIOS". Elige un horario determinado del dia en el que puedas pasar cierta cantidad de tiempo preocupándote sobre las cosas o pensando en aquello que te da miedo. Te recomiendo que pruebes con 15 minutos.

Tu mamá/papá se sentará junto a ti y te escuchará, durante el horario de nervios, sobre todo aquello que de preocupe o te de temor. Durante estos minutos trata de no ser interrumpido por la TV, el CELULAR o HERMANOS.

El horario de nervios es el tiempo para decir todo aquello que te ponga nervioso. Durante este tiempo tu mamá/papá te escuchará atentamente y tratará de ayudarte.

Crea una bandera o una señal que caracterice
a nuestro "HORARIO DE NERVIOS"

¿Recuerdas nuestra escala de 5 estados que construimos en el capítulo anterior?
Perfecto... utilizándola como modelo construiremos una nueva pero esta vez le agregaremos algunos Emojis. Píntalos y Únelos con flechas al numero que corresponda

1 2 3 4 5

AHORA CREA TUS PROPIOS EMOJIS!!!!

Capítulo 7

IDEAS PARA GANARLE A LA ANSIEDAD

Ya hemos recorrido un gran camino aprendiendo junto a Margarita y Jorge a entender qué es la ansiedad y cómo poder reconocerla tanto en nuestro cuerpo como en nuestra mente. En este capítulo vamos a proponerte algunas ideas para seguir combatiéndola. ¡A trabajar!

IMAGINA AL MONSTRUO DE LA ANSIEDAD

Imagina cómo se vería la ansiedad si fuese un monstruo y dibujalo en el siguiente espacio. Ponele un nombre y hace una pequeña descripción del monstruo

Mira el monstruo que dibujó Margarita

ALCANZANDO LA MONTAÑA

Te proponemos que dibujes en la siguiente hoja una montaña con un camino que vaya desde el inicio hasta el pico de esa montaña. Podes adornar la montaña como vos más quieras, podes agregarle árboles, cascadas, piedras. Todos los montañistas cuando suben una montaña suelen descansar en una "base" allí comen, duermen y relajan sus músculos. Otra cosa que suelen hacer los montañistas es poner una bandera en cada base en la que paran. En nuestros encuentros te invitamos a que imagines junto a tu terapeuta que están escalando una montaña y en cada base tienen que poner una bandera, imaginen también qué objetivo pondrían en cada bandera para ir superando y así subir la montaña hasta el pico.

En Kawaiî se encuentra el kinkoyo la montaña más alta de toda la isla. Los antiguos habitantes de la isla, solían viajar hasta la cima para hablar con los dioses. Todos los habitantes de Kawaiî conocen esta historia y fantasean con alguna vez escalarla para poder conversar con los dioses. Cuando Jorge le propuso hacer esta actividad a Margarita ella decidió dibuja el monte Kinkoyo y todas sus bases.

PIENSA DIFERENTE

Como ya eres un experto en poder reconocer e identificar tus pensamientos. vamos a pensar juntos qué pensamientos son negativos y cuáles son pensamiento positivos que ayudan a disminuir tu ansiedad.

PENSAMIENTOS POSITIVOS.

PENSAMIENTOS NEGATIVOS

Una vez que empieces a pensar diferente, veras como tu ansiedad ira disminuyendo poco a poco.

EL ACTO ESCOLAR

Mariano fue elegido presentador del acto del día de la independencia. Sus compañeros y su maestra lo eligieron por ser un buen compañero, solidario y participativo. La noticia lo alegró muchísimo, era súper importante para él ser el presentador del acto. A medida que fueron pasando los días, Mariano se fue dando cuenta que tendría que hablar con el micrófono adelante de todos los chicos, chicas, docentes, padres y directivos de la escuela. Eso lo puso muy nervioso y de repente pensó en no participar del acto, decirle a la maestra que no iba a poder ir a clases ese día y que eligiera a otro. La maestra le pregunta por qué no quería participar del acto y le preguntó también si alguno de sus compañeros lo había estado cargando. Mariano le respondió que no, que nadie le había dicho nada pero que de repente empezó a pensar que todos se reirían de él y que haría el ridículo adelante de todos. También le dijo a la maestra que de solo pensar en ese día, tiene dolores de panza y empieza a transpirar. Su maestra le pidió que se sentara en su banco y al comenzar la clase le preguntó a todos sus alumnos si todavía querían que Mariano fuese el presentador del acto. Todos los chicos respondieron sin dudar un gran sí y comenzaron a cantar su nombre "se siente, se siente, Mariano presidente" lo que desató una carcajada generalizada. cuando todos callaron la maestra volvió a hablarles: saben... Mariano está un poco nervioso y no sabe si participar en el acto porque cree que ustedes se reirían de él y lo harían quedar en ridículo ¿ustedes serían capaz de herir a un compañero de esa manera?. Los chicos rápidamente se miraron entre ellos sorprendidos y le respondieron que no, que no harían eso.
Finalmente la maestra les preguntó qué podríamos hacer para que Mariano se sienta tranquilo en el acto y sepa que sus compañeros lo apoyan. Los chicos rápidamente comenzaron a hacer sugerencias. Ese día Mariano se fue con una sonrisa a su casa.

FIN

LA CABEZA DE MARIANO

Debajo veras una foto con la cara de Mariano. Escribe algunos pensamientos que puedan disparar su ansiedad y ponerlo tenso

Ahora en el siguiente dibujo escribe algunos pensamientos que ayuden a Mariano a estar tranquilo y que lo ayuden a aceptar participar del acto

Como podes ver el modo en que Mariano piensa lo afecta mucho en como se siente y en qué quiere hacer: seguramente si sus pensamientos seguirían siendo los pensamientos ansiosos no participaría del acto. En cambio, como su maestra lo ayudó a cambiar sus pensamientos eso hizo que se relajara y pensara que tal vez no era tan peligroso ser el presentador del acto.
Cada vez que te sientas ansioso, intenta detectar por vos mismo cuáles son los pensamientos ansiosos que vienen a tu cabeza y te hacen sentir de esa manera

MIS PENSAMIENTOS ANSIOSOS

Para finalizar este capítulo vamos a poner en práctica lo que acabamos de hacer con Mariano. En los siguientes globos de pensamiento, tratá de escribir algunos de tus pensamientos ansiosos

¡Has hecho un gran trabajo! Estamos muy orgullosos de tu desempeño. En este capítulo has podido aprender muchas herramientas para combatir la ansiedad y hacerla cada vez más pequeña en tu mente. Como reconocimiento a tu esfuerzo, te has ganado una nueva estrella. Felicitaciones!!

Capítulo 8

REPASAMOS LO APRENDIDO

Estamos llegando al final de este libro. Ha sido un recorrido fascinante! Gracias a tu ayuda pudimos enseñarle a Margarita a reconocer sus emociones, aprender a reconocer sus disparadores y qué la pone ansiosa, también aprendimos a detectar en el cuerpo los signos de la ansiedad y incorporamos muchas herramientas para combatirla. Llegó el momento de recapitular todo lo que hemos aprendido juntos.

MIS LOGROS

Una buena forma de darnos cuenta de todo lo que hemos trabajado juntos es esta actividad. Es bastante sencilla y estamos seguros de que podrás hacerla sin inconvenientes. En el centro de la hoja escribe tu nombre y hazle un círculo para que quede dentro. Luego escribe alrededor del círculo todos los logros que has alcanzado a lo largo del tratamiento. mira cómo lo hizo Margarita

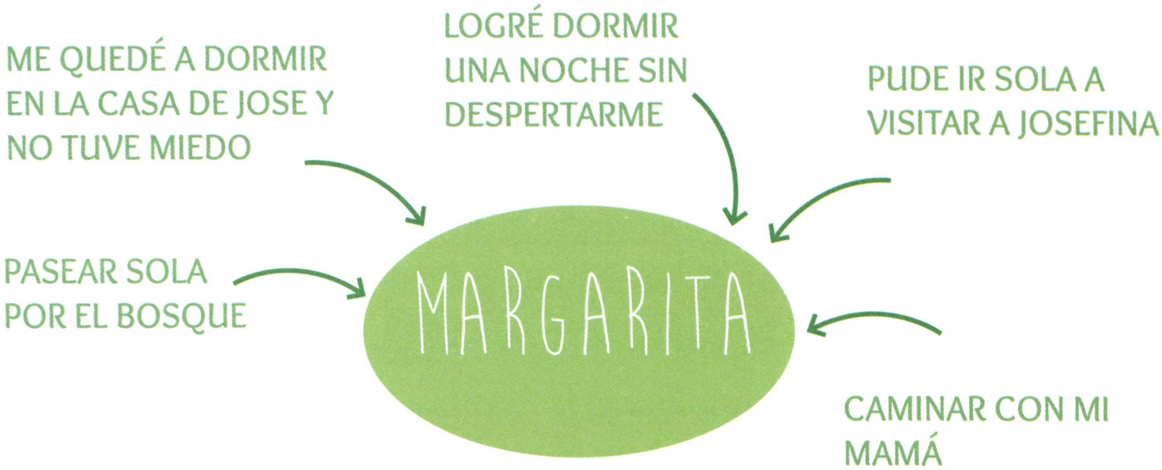

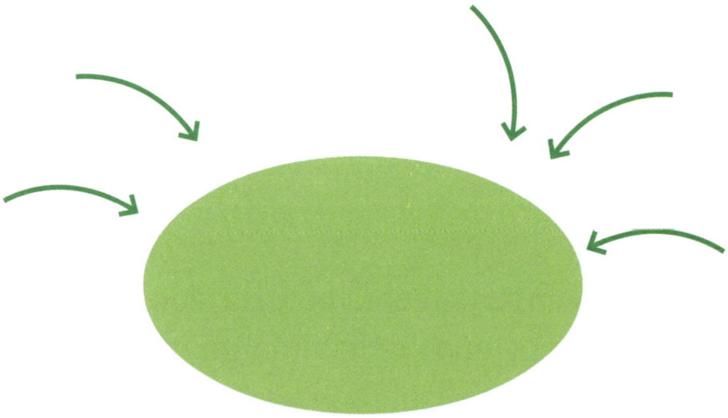

UN PEQUEÑO QUIZ

Contesta las siguientes preguntas que te servirán para repasar lo aprendido

1. ¿CUÁL DE ESTAS CONDUCTAS ANSIOSAS SON PERJUDICIALES PARA VOS?

☐ a. Evitar
☐ b. Escapar
☐ c. Relajarte
☐ d. Resolver el problema

2. ¿CUÁLES DE ESTAS SENSACIONES FÍSICAS SON TÍPICAS DE LA ANSIEDAD?

☐ a. Transpirar
☐ b. Temblar
☐ c. Sentirse mareado
☐ d. Estornudar

3. ¿QUIÉN TIENE EL CONTROL SOBRE TU ANSIEDAD?

☐ a. Vos
☐ b. Tus papás
☐ c. Tu perro
☐ d. Fonzo

4. ¿CUÁL DE ESTAS ESTRATEGIAS TE SERVIRÁN PARA MEJORAR TU ANSIEDAD?

☐ a. Hablar
☐ b. Distraerte
☐ c. Convertirte en un detective de tus pensamientos
☐ d. Esconderte

Estamos seguros que hiciste un gran trabajo!!

AGENTES DE PUBLICIDAD

¿Alguna vez viste un cartel de publicidad que cuelgan de los edificios o que se encuentran al costado de la ruta? Si prestas atención verás que estas publicidades intentan vendernos algo, otras simplemente quieren hacernos pensar por ejemplo una campaña de prevención de accidentes de transito. Juguemos un poco y dibujemos una publicidad en donde le podamos transmitir un mensaje a un niño que tiene ansiedad. Fijate en el dibujo que hizo Margarita así te ayuda a pensar una idea.

Ahora te toca a vos. Dibuja tu propia publicidad y compartila con tu terapeuta

¿CUÁN SEGUIDO TE PONES ANSIOSO?

- ☐ TODO EL TIEMPO
- ☐ A MENUDO
- ☐ ALGUNAS VECES
- ☐ POCAS VECES
- ☐ NUNCA

TODO LO QUE HEMOS APRENDIDO JUNTOS

Veamos lo que sientes que has aprendido trabajando con Margarita y Jorge

COMPRENDO CUÁLES SON MIS SENTIMIENTOS ☐

COMPRENDO QUE ES NORMAL ESTAR PREOCUPADO, PONERSE ANSIOSO O TENER MIEDO ALGUNAS VECES ☐

PUEDO DARME CUENTA DE CUÁLES SON MIS DISPARADORES ☐

PUEDO NOMBRAR ALGUNAS SENSACIONES FÍSICAS DE MI ANSIEDAD

PUEDO DARME CUENTA CÓMO REACCIONAN LAS PERSONAS QUE SE PONEN ANSIOSAS ☐

COMPRENDO QUE MIS EMOCIONES Y CONDUCTAS DEPENDEN DE CÓMO PIENSE ☐

ME DOY CUENTA DE MIS PROPIAS CONDUCTAS ANSIOSAS ☐

ENTIENDO QUE NO DEBO ESCONDERME DE MIS TEMORES Y DEBO ENFRENTARLOS ☐

Hemos llegado al final de este libro. Esperamos que hayas podido combatir a la ansiedad y junto a Margarita y Jorge hayas aprendido muchas cosas para sentirte mejor. Estamos muy contentos de todo el esfuerzo que has hecho y del trabajo que realizaron con tu terapeuta.
Disfruta de tu diploma, te la mereces!!

Este Diploma certifica que

....

....

Ha combatido
fuertemente su ansiedad
y ha logrado vencerla

¡Felicitaciones!

REFERENCIAS

Blagys, M. D., & Hilsenroth, M. J. (2002). Distinctive activities of cognitive–behavioral therapy: A review of the comparative psychotherapy process literature. Clinical Psychology Review, 22(5), 671-706.

Chu, B. C., & Harrison, T. L. (2007). Disorder-specific effects of CBT for anxious and depressed youth: A meta-analysis of candidate mediators of change. Clinical Child and Family Psychology Review, 10(4), 352-372.

Craske, M. G. (2010). Cognitive–behavioral therapy: American Psychological Association.

Crowe, K., & McKay, D. (2017). Efficacy of cognitive-behavioral therapy for childhood anxiety and depression. Journal of anxiety disorders, 49, 76-87.

Cummings, C. M., Caporino, N. E., & Kendall, P. C. (2014). Comorbidity of anxiety and depression in children and adolescents: 20 years after. Psychological bulletin, 140(3), 816.

Dozois, D., & Dobson, K. (2001). Historical and philosophical bases of the cognitive-behavioral therapies. Dobson, Keith S. Handbook of cognitivebehavioral therapies.

Kendall, P. C. (1993). Cognitive-behavioral therapies with youth: Guiding theory, current status, and emerging developments. Journal of Consulting and Clinical Psychology, 61(2), 235.

Kendall, P. C., & Hollon, S. D. (2013). Cognitive-behavioral interventions: Theory, research, and procedures (Vol. 21): Academic Press.

Mahoney, M. J. (1988). The cognitive sciences and psychotherapy: Patterns in a developing relationship.

Mahoney, M. J., & Arnkoff, D. B. (1978). Cognitive and self-control therapies. Handbook of psychotherapy and behavior change, 2, 689-722.

Robertson, D. (2010). The philosophy of cognitive-behavioural therapy (CBT): Stoic philosophy as rational and cognitive psychotherapy: Karnac Books.

Rodríguez Biglieri, R., Vetere, G., Beck, A. T., Baños, R. M., Botella Arbona, C., Bunge, E., . . . Rothbaum, B. (2011). Manual de terapia cognitiva conductual de los trastornos de ansiedad: Polemos.

Scarpa, A., White, S. W., & Attwood, T. (2013). CBT for children and adolescents with high-functioning autism spectrum disorders: Guilford Press.

Teasdale, J. D. (1993). Emotion and two kinds of meaning: Cognitive therapy and applied cognitive science. Behaviour research and therapy, 31(4), 339-354.

Capítulo 9

¿QUÉ ES LA TERAPIA COGNITIVO CONDUCTUAL?

Estamos llegando al final de este libro. Ha sido un recorrido fascinante! Gracias a tu ayuda pudimos enseñarle a Margarita a reconocer sus emociones, aprender a reconocer sus disparadores y qué la pone ansiosa, también aprendimos a detectar en el cuerpo los signos de la ansiedad y incorporamos muchas herramientas para combatirla. Llegó el momento de recapitular todo lo que hemos aprendido juntos.

BREVE RECORRIDO TEÓRICO SOBRE LA TERAPIA COGNITIVA CONDUCTAL

Las teorías psicologicas son de gran importancia ya que estas buscan explicar tanto el comportamiento normal y esperado como aquel que se aleja de la norma estableciendo, en la mayoria de los casos, la etiología, lo que mantiene al trastorno y las posibles intervenciones ha realizar (Scarpa, White, & Attwood, 2013).

Según la Asociación de Terapias Cognitivas y Comportamentales (Association for Behavioral and Cognitive Therapies – ABCT) la terapia cognitiva comportamental (TCC) es un acercamiento (clase de intervenciones y técnicas) que toma herramientas de la terapia conductual y de la cognitiva utilizando estrategias, con soporte empírico, de ambos modelos (Scarpa et al., 2013)

El principal componente o perspectiva cognitiva busca ayudar a la persona a identificar y modificar actitudes y creencias maladaptativas, permitiendo cambios en el procesamiento de la informacion, en las experiencias emocionales y en los problemas del comporamiento. Esta perspectiva enfatiza en el rol de pensamiento en como sentimos y actuamos. Por su parte, el componente comportamental considera que las conductas son aprendidas a través de asociaciones. Esta busca identificar y cambiar conductas a traves de la modificacion de respuestas asociadas tomando en cuenta los antecedentes y las consecuencias en la situación (Craske, 2010).

El proceso terapéutico generalmente esta orientado a enseñar y guiar a la persona hacia modos de pensar y actuar más adaptativos a través de estrategias cognitivas y comportamentales. Se enfatiza en como el pensamiento o nuestras creencias median nuestras emociones y respuestas lo cual sugiere que no son los sucesos externos (situaciones, hechos o personas) las que causan nuestras respuestas, sino nuestros pensamientos acerca de dichos sucesos, lo que supone que si modificamos la manera en que pensamos, se modificará nuestras emociones y conductas.

PROCESOS BÁSICOS EN TCC:

El meta-análisis llevado acabo por Blagys and Hilsenroth (2002) se identificaron algunos procesos básicos, distintivos y con soporte empírico de la TCC:

• La utilización de Tareas inter-sesión: con la finalidad de practicar las habilidades aprendidas durante la terapia y generalizar dichas habilidades en situaciones del mundo real, donde deberá hacer frente a estas, con la posible presencia de síntomas.

• Dirección de la actividad de la sesión: los terapeutas cognitivos- condcutuales han sido caracterizados por exibir control sobre los procesos terapeuticos a traves de la utilizacion de agendas, técnicas pre planeadas en un tiempo especifico durante la sesión, decidiendo la prioridad de los temas a discutir durante la sesion dirigiendo al paciente hacia tópicos especificos.

• La ensenanza de herramientas para hacer frente al/los sintoma/s.

• El foco puesto en el presente y en futuras experiencias: Se ha encontrado que los terapetuas cognitivos focalizan con mayor incapie en las expereincias presentes y futuras que en las pasadas o en la infancia.

• La provision de informaicon hacerca del trastorno del paciente: los terapuetas cognitivos

conductuales tienden a proveer de informacion a los pacientes hacerca de la dificutal que este tiene como del tratamiento a realizar.
• El foco se ubica en los pensamientos o creencias irracionales del paciente.

Por su parte, ABCT identificaron cinco características principales comunes en la TCC (Scarpa et al., 2013):

• Efuerzo colaborativo entre el paciente y el psicoterapeuta: para el establecimiento de objetivos terapeuticos y el cumplimiento de los mismos. Se parte de la idea de que el psicoterapeuta tendrá los conocimientos y experticia teóricas y técnicas y el paciente sera experto sobre si mismo.
• Promover la autoeficacia para tolerar las emociones y modificar el comportamient:. Al igual que la filosofía Estoica, la cual sostiene que las emociones destructivas suelen ser causadas por errores de juicio. El terapeuta TCC buscará alentar al paciente a utilizar un razonamiento científico e inductivo, a través de la lógica y de preguntas socráticas para evaluar sus pensamientos indeseados y molestos, buscando lograr que este no base sus reacciones emocionales y comportamientos en percepciones incorrectas.
• Corta duración y directiva: Le proceso terapéutico buscará ser limitado en el tiempo, como así también, basado en metas/objetivos establecidos en un comienzo entre el paciente y el psicoterapeuta. Aquí vale aclarar, que en la medida en que se trabaje y se vayan cumpliendo los objetivos terapéuticos, podrán surgir y ser pactadas nuevas metas a trabajar. A su vez, el proceso terapéutico suele ser estructurado y directivo, con una agenda de las habilidades a ser enseñadas para ayudar al paciente. Habitualmente el terapeuta proveerá al paciente de instrucciones y tareas que permitan poner en práctica las habilidades enseñadas en sesión.
• Foco en el presente y orientado hacia los objetivos: Si bien existen numerosos problemas que suelen originarse en las primeras experiencias de vida (infancia), el terapeuta TCC no buscará ni focalizara en conocer el origen del comportamiento. La TCC enfatiza en las cosas que pueden ser realizadas ahora para cumplir los objetivos establecidos.
• Monitoreo de progreso: Será realiado tanto por la persona como por el terapeuta. Cuando no se avance hacia el objetivo establecido, se deberá repensar la estrategia y/o el objetivo.

Por su parte, Dozois and Dobson (2001) remarcan la existencia de tres propocisiones fundamentales en el núcleo de la TCC:

• La actividad cognitiva afecta la conducta: Dicha propocisión marca que la evaluación cognitiva de los eventos podrá afectar la respuesta hacia esos acontecimientos, por lo que, modicicar el contenido de dicha evaluación tendrá gran valor clínico.
• La actividad cognitiva puede ser monitoreada y alterada: Este estado asume, implicitamente, que podemos ganar acceso a la actividad cognitiva y que estas cogniciones podrán ser conocidas y evaluadas. Exiten razones para creer que este acceso hacia las cogniciones no es perfecto y que las personas pueden informar actividades cognitivas sobre la base de su probabilidad de ocurrencia en lugar de la ocurrencia real. Sin embargo, la mayoria de los investigadores en el area de evaluación cognitiva continúan intentando documentar estrategias de evaluación cognitiva confiables y válidas, en donde el comportamiento será una fuerte muy valiosas de datos. Resulta importante resaltar que la evaluación cognitiva es el preludio de la

alteración de la actividad cognitiva. la mayoría de las estrategias de evaluación cognitiva enfatizan el contenido de las cogniciones y la evaluación de los resultados cognitivos más que del proceso cognitivo y es en la examinación del proceso, así como también la interdependencia entre los sistemas cognitivos, conductuales y afectivos, lo que nos permitirá avanzar en nuestra comprención del cambio.

• El cambio de conducta deseado podrá ser efectuado a traves del cambio cognitivo: esta afirmación llevo a los primeros investigadores cognitivos conductuales a realizar un gran esfuerzo por documentarlo. Un ejemplo es el desarrollo de Bandura y su constructo de autoeficacia que desarrollo para documentar que la capacidad percibida de un participante para acercarse a un objeto temeroso predice el comportamiento real. Aunque la inferencia de la actividad cognitiva ha sido generalmente aceptada, todavía es extremadamente difícil documentar la suposición adicional de que los cambios en la cognición median el cambio de comportamiento. Para hacerlo, la evaluación del cambio cognitivo debe ocurrir, independientemente del comportamiento.

BASES FILOSÓFICAS DE LA TCC

Distintos aspectos de la TCC pueden ser encontrados en diferentes escuelas filosóficas, como por ejemplo los ya mencionados Estoicos, el método socrático y la epistemologia constructivista.

Los Estoicos, tal como ya se ha citado es una escuela helenistica que sostenia que el conocimiento puede ser solo obtenido a través de la razón. Sostienen que la existe una realidad externa que estimulan los sentidos y dejan una impresión o copia en la mente. Esta tiene la habilidad para juzgar dicha impresión, aprobando o rechazandola. A través de este proceso es que la persona logra comprender la realidad. Según esta escuela, las emociones destructivas son el resultado de errores en el proceso de juzgamiento. Marco Aurelio, filósofo de dicha escuela, refleja lo enunciado de una manera clara y consisa en la siguiente frase:

"Si estás molesto por una causa externa, el dolor no se debe a la causa en sí misma, sino al valor que tú le das. Y tienes el poder de revocar ese valor".

Una emoción tormentoza podrá ser modificada a traves de la clarificación del juicio y con ello la persona ganará calma independientemente de lo positivo o negativo del hecho externo. Para legar a esta calma estoica la persona deberá utilizar la lógica, el diálogo con uno mismo, la reflexión sobre el problema y sus posibles soluciones y entrenando su atención y concentración para estar en el presente (Scarpa et al., 2013).

Estos métodos estoicos pueden resultar muy familiares para aquellos que hayan leído o utilizado estrategias TCC actuales (Robertson, 2010). Otro ejemplo, también de la misma escuela filosófica, es el filósofo griego Epícteto (55-135 D.C.) en una de sus obras planteo el siguiente proverbio:

"El hombre no es movido por las cosas, sino por la visión que tiene de ellas".

Aquí, Epícteto proclama que lo que perturba al alma de las personas no es el hecho en si (objetivo), sino la interpretación que este le da. La realidad no puede ser entendida como hecho

único, verdadero y absoluto, sino que esta deberá ser comprendida como una construcción que cada ser humano realiza (Rodríguez Biglieri et al., 2011).
De este postulado se desprende, que cada persona tendrá una realidad particular, donde el hecho en si no significa nada, sino que deberemos adentrarnos en lo que la persona interpreta de este. Aquí llegamos a uno de los postulados centrales de la terapia cognitiva: Las personas realizan una lectura activa y singular de los estímulos internos y externos, los cuales influirán en el modo en que siente y se comporta la persona.
Otro componente de la TCC puede ser encontrado en las enseñanzas qué padre de la filosofía occidental, Socrates, introdujo con su método de cuestionamiento, popularmente conocido como "método Socratico". Este es una forma de debate en donde los puntos de vistas son expresados y elaborados a través de una serie de preguntas y respuestas. A traves de dicho proceso se buscará identificar y eliminar, hipótesis que contradigan a la creencia inicial. De esta manera, la creencia se irá haciendo cada vez mas clara, pudiendo llegar a una mejor hipótesis. Sin dudas, que esta forma de lógica busca promover el desarrollo del pensamiento crítico. El terapéuta TCC utilizará el método socrático para ayudar a la persona a examinar y cuestionar creencias o sistémas de creencias potencialmente incorrectas que son aceptadas de manera automática.
Finalmente, el fundamento epistemológico constructivista aporta la noción de que la realidad es una simple contruccion social que existirá en la medida en que el observador la construya (Mahoney, 1988).

DESARROLLO HISTÓRICO DE LA TCC

Aunque los primeros atisbos de la terapia cognitiva comportamental surgieron al comienzo de la década del 60, no fue hasta 1970 cuando aparecieron los primeros textos de modificación cognitiva comportamental. En este periodo se destino el mayor interes a la cognición y la aplicación de las teorias cognitivas al cambio del comportamiento (Kendall & Hollon, 2013).
Es posible determinar dos hilos historicos como base de la TCC. Por un lado se encuentra las terapias conductuales, las cuales a menudo son consideradas las precursosas principales de la TCC. Pero también, en menor medida, una base precursora en los modelos psicodinámicos. Las terapias comportamentales se basaron en los principios de condicionantes clásicos y operantes del conductismo, y desarrollaron un conjunto de intervenciones centradas en el cambio de comportamiento (Dozois & Dobson, 2001).
Su crecimiento se vio empujado por la aumento de insatisfacion con el enfoque psicodinámico que reinaba en esa época. Esta nueva corriente buscaba aplicar los principios de la teoría del aprendizaje, a través del analisis experimental del comportamiento. Los principales trabajos influyente fueron los realizados por Ivan Pavlov, en el condicionamiento clásico y los de B. F. Skinner en el condicionamiento operante. También es posible marcar los trabajos realizados por Watson, quien basandoce en los desarrollos del condicionamieto clásco, demostró, con su famoso estudio de caso llamado "pequeño Albert", que la fobia puede ser clásicamente condicionada en los humanos. Por su parte Jones posiblemente sea el primero en utilizar el enfoque conductual para eliminar el miedo en la niñez. Mas cercano a nuestros tiempo, Wolpe pudo demostrar que la ansiedad puede ser reducida a través de una exposi-

ción gradual y repetitiva al objeto temido y respuestas de relajación. Esta técnica contracondicionante se la conoció como desencibilización sistemática. Tanto el enfoque clásico como operante asumen que los comportamientos anormales son el resultado de un aprendizaje defectuoso. Todas sus esfuerzos se dirigieron al desarrollo de intervenciones que modificaran la conducta.

Entre la década del 60' y la del 70', la fuerza con la que surgio las terapias del comportamiento comenzaron a mermar y un nuevo movimiento empezó a crecer y desarrollarce: la terapia cognitiva- comportamental. Las causas mas importantes que motivaron a este movimiento fueron (Dozois & Dobson, 2001):

• En primer lugar, aunque la perspectiva del comportamiento había sido una fuerza dominante durante algún tiempo, a fines de la década de 1960 se hizo evidente que el enfoque comportamental no era lo suficientemente expansivo para explicar todo el comportamiento humano.

• Un segundo factor que facilitó el desarrollo de la TCC fue la naturaleza misma de algunos problemas por el pensamiento obsesivo hacian irrelevantes las intervenciones no cogntinitivas. Para trastornos multifaceticos las terapias comportamentales se enfocaron en los síntomas del comportamiento para el cambio, lo cual hizo que se incrementara significativamente el potencial terapeutico, pero estos no lograban resolver el problema completamente dejando componentes del mismo sin tratar.

• En tercer lugar, el campo de la psicología estaba cambiando en general, y el cognitivismo, o lo que se ha llamado la "revolución cognitiva", fue una parte importante de este cambio. Esto desafió y determinó la necesidad de que los modelos de comportamiento redefinieran sus límites e incorporaran fenómenos cognitivos en los modelos de mecanismos de comportamiento. Quizas uno de los primeros signos de este intento pueda verse en la literatura de la auto-regulación y auto- control desarrollada durante la década del 70'.

• Sumado a estas tres causas, no puede ser dejado de lado el continuo y creciente rechazo a la teoría y terapia psicodinámica , que ya habia favorecido el desarrollo de la terapia comportamental. Los primeros referentes y figuras dentro de este nuevo y naciente enfoque fueron el Dr. Aaron Beck y Albert Ellis, incialmente entrenados en el enfoque psicodinámico y que luego desarrollaron variantes dentro de la TCC enfatizando a la restructuración cognitiva y la necesidad de analizar posibles cambios de las creencias o esquemas persistentes. También es importante remarcar a la figura de Michael Mahoney, quien en 1977 fue el editor inaugural de Cognitive Therapy and Research donde se buscó fomentar el desarrollo de un foro en el cuál se estimulara una comunicación fluida de la investigacion y de la teoría sobre el rol de los procesos cognitivos en la adaptación y el ajuste de las personas .

• Un último factor importante que contribuyó al desarrollo de la TCC fueron la publicacion de diversas investigaciones en donde se determinaba que los resultados de los tratamientos de la TCC eran iguales o mas efectivos que los estrictamente comportamentales.

En este nuevo enfoque se comenzó a enfatizar a la noción de los mediadores cognitivos. La principal suposiciones en la TCC es la de que los pensamientos determinan el estado de ánimo y el comportamiento. Como ya se ha mencionado, uno de los pioneros en este nuevo enfoque fue Ellis, quien con su propuesta, Terapia Racional Emotiva Comportamental (TREC) propuso que el impacto de los eventos en las personas esta determinado por la interpretacion de ellos sobre el dicho evento. En su modelo ABC, un evento activador (A) descencadena cierta creencia (B) la cual conlleva a concecuencias emocionales o comportamentales (C) en reaccion al evento. Especificamente, ideas que fueran irracionales o imposibles de ser comprobadas o confirmadas conducirán a reacciones emocionales negativas. Estas creencias irracionales se volveran automáticas a traves del uso repetitivo y deberán ser desafiadas. Ellis identifico 12 creencias irracionales básicas.

Por su parte, el Dr. Aaron Beck a través de sus observaciones clínicas en pacientes deprimidos, desarrolló la terapia cognitiva para la depresión a partir de la unión de aspectos provenientes del modelo cognitivo y la terapia del comportamiento. Dicho modelo también remarcó el peso de los pensamientos defectuosos en el distress emocional. En el se sugiere que el impacto emocional de un evento es mediado por el significado atribuido al mismo, el cual estará disponible en la conciencia a travez de pensamientos e imágenes. Una suposición en el modelo de Beck es que las creencias negativas reflejan esquemas subyacentes o sistemas de creencias que afectarán la manera en que la persona se persiva a ella, a otros y a su futuro influyendo en su reacción a eventos negativos (Teasdale, 1993).

Según el modelo de Beck, el problema se genera cuando un evento estresante, como por ejemplo un divorcio o la perdida de trabajo, activa esquemas poco realistas generando distociones en la cognicion. Por esquemas se entenderá a una estructura cognitiva que organizará y procesará a la información entrante. Estará conformado por un conjunto de creencias y suposiciones generales, subyacentes y estables ue se desarrollarán durante la infacia e irán acumulando experiencias. Mientras que los esquemas bien ajustados le permitirán a la persona tener una evaluación realista de los eventos de la vida, aquellos esquemas mal ajustados distorcionarán la percepsión generando fallas en la resolución de problemas y trastornos psicologicos (Dozois & Dobson, 2001).

Por ejemplo el procesamiento esquematico de una persona deprimida puede ser caracteriado por un triada negativa sobre su self, el mundo y su futuro. Un ejemplo mas concreto de lo enunciado podría ser: “Si no soy amado por los otros, yo no soy una persona digna ni nunca lo seré”.

Entonces la principal meta del la TCC será reemplazar las presunciones distorcionadas de la persna sobre eventos de la vida por otras más realistas adaptativas.

ESTRATEGIAS UTILIZADAS EN TCC

Es posible utilizar multiples estrategias dentro de la TCC. Mahoney and Arnkoff (1978) dividieron a la TCC en tres grandes categorias:

- Reestructuración cognitiva: Esta técnica es utilizada en general cuando la perturbación es creada por la persona misma. Aquí se buscará trabajar con las creencias y los pensamientos automáticos que generen resultados negativos.
- Terapias enfocadas en el desarrollo de habilidades de afrontamiento: Este tipo de estrategia es utilizada principalmente cuando el problema es externo a la persona. Aquí, la terapia se focaliza en identificar y modificar la forma en que la persona quizas exacerba la influencia de eventos negativos, como por ejemplo pensamientos o imagenes que le generen ansiedad. También se puede utilizar estrategias que disminuscan el impacto de eventos negativos, como por ejemplo enseñarle a la persona técnicas de relajación.

• Terapias para la resolución de problemas: Este tipo de terapia fueron conceptualizadas por D'Zurilla y Goldfried como una forma de entrenamiento en el auto-control, enfatizando la importancia de entrenar a la persona para que funcione como su propio terapeuta. Según los autores la resolución de problema es un proceso cognitivo que hace posible distintas formas de respuestas efectivas para afrontar una situación problemática permitiendole a la persona poder seleccionar la respuesta más efectiva. D'Zurilla y Goldfried identificaron 5 etapas: (1) Orientación general o "set", (2) definición del problema y formulación, (3) Generación de alternativas, (4) toma de decisión y (5) verificación (Dozois & Dobson, 2001).

TCC CON NIÑOS Y ADOLESCENTES

Para el desarrollo exitoso de la niñez es fundamental que el niño logre desarrollar la capacidad de dominio de si mismo, de una conducta social apropiada y de autocontrolarse. Deberá trabajar para lograr un equilibrio entre el cumplimiento de las reglas de los adultos y la afirmación de la competencia independiente.

El trabajo laborioso en la escuela y las interacciones sociales son el campo de pruebas para que los niños se puedan comparar con los demás, obtener un sentido de sí mismos y adquirir las habilidades necesarias para adaptarse a las demandas del entorno.

Ajustarse y hacer frente a estos desafíos de desarrollo puede ser una lucha para los niños, y no todos manejan la tarea con éxito. En los últimos tiempos el porcentaje estimado de psicopatología en la niñez ha crecido alarmantemente.

Todos los niños enfrentan desafíos de desarrollo, sin embargo, no todos estos niños están preparados, y no todos los desafíos se cumplen. Por lo tanto, el problema que enfrenta la psicología clínica infantil es cómo intervenir de la mejor manera para reducir o remediar las dificultades cognitivas, conductuales y emocionales en la infancia que se asocian con la angustia psicológica actual y la psicopatología posterior (Kendall, 1993).

Durante mucho tiempo los trabajos dentro de la TCC fueron orientados al desarrollo de tratamientos para la población adulta pero desde hace algunas décadas a la actualidad, el soporte empirico que demuestra los beneficios de tratar a los jóvenes con TCC ha crecido considerablemente.

Los trastornos de ansiedad es uno de los trastornos mentales de mayor prevalencia en la juventud. Suele realizar su aparición en los comienzos de la vida de una persona. Una situacion similar se da con los trastornos depresivos, los cuales, también suelen aparecer con mayor frecuencia en la juventud y tienen una alta prevalencia. En la infancia, los síntomas de ansiedad como los depresivos suelen ser comunmente comorbidos, aunque la depresión es menos frencuente que los trastornos de ansiedad (Crowe & McKay, 2017).

La prevalencia de los trastornos del estado del ánimo en la niñez ha crecido considerablemente en las últimas décadas. Tanto la Ansiedad (en todas sus manifestaciones) como la depresión son asociadas a importantes alteraciones severeas del funcionamiento del niño en la vida social, academica y familiar (Cummings, Caporino, & Kendall, 2014).

Chu and Harrison (2007) concluyeron que la terapia cognitiva comportamental resulta beneficiosa para producir reducción sintomáticos como asi también, mejoras en las habilidades de afrontamiento en niños con trastornos depresivos y/o ansiedad.